Begrüßung

Hallo und herzlich willkommen in der Frauenkirche!

Möchtest du mehr wissen über diese berühmte Kirche? Der Frauenkirchenführer für Kinder in deiner Hand kann dir Interessantes und Neues entdecken helfen.

Du hast vielleicht schon von der Frauenkirche in Dresden gehört:

• Sie war berühmt wegen ihrer steinernen Kuppel.

• Sie wurde im 2. Weltkrieg zerstört.

• Menschen aus vielen Ländern haben Geld gespendet, damit die Frauenkirche wiederaufgebaut werden konnte.

• ... und was noch?

Auf der linken Seite siehst du mich neben der Frauenkirche. Ich bin der **Engel** des **Evangelisten** Matthäus. Der weiß viele spannende Geschichten über Jesus und schreibt sie auf. Du findest mich auch in einem der Kuppelfelder der Innenkuppel wieder: mit freundlichem Gesicht und wachem, schelmischem Blick. Verwegen komme ich angeflogen. Ich werde dich auf deinem Weg durch die Frauenkirche begleiten. Und wenn du möchtest, begleite ich dich auch, wenn du die Frauenkirche verlässt.

Engel

Ein Engel ist ein Zeichen der Gegenwart Gottes, ein Bote Gottes. Du hast bestimmt schon von Schutzengeln gehört, die uns begleiten und vor Bösem bewahren.

Evangelisten

Vier Evangelisten gibt es: Matthäus, Markus, Lukas und Johannes. Sie gelten als die Verfasser der vier Evangelien, die vom Leben und Wirken Jesu erzählen. Du findest sie in der Bibel im Neuen Testament.

Licht

Licht ist das Symbol für Gott. Durch gezielte Lichtführung im Kirchenraum wird deutlich, was besonders wichtig ist. Weil im Osten die Sonne aufgeht, wurden bereits im Mittelalter Kirchen fast immer nach Osten ausgerichtet.
Die Gemeinde schaute zum Altar in östliche Richtung. Osten erinnert auch an Jerusalem, wo Jesus gekreuzigt wurde und auferstand.

Farben

Auch Farben in Kirchenräumen haben Bedeutungen. Gold versinnbildlicht die Allmacht und das ewige Licht Gottes. Manchmal ist Gelb auch die Ersatzfarbe von Gold. Weiß steht ebenfalls für göttliches Licht, Reinheit und Unschuld, aber auch für absolute Wahrheit und Erleuchtung. Rot ist die Farbe des Blutes, der Liebe und der Macht. Blau als Farbe der Luft und des Himmels symbolisiert die Wahrheit, den Glauben und die Treue. Grün ist die Farbe der Hoffnung, der Auferstehung und des Paradieses.

Du und der Kirchenraum

Tritt ein. Schau dich um. Hast du Lust, den Kirchenraum zu erkunden? Nimm dir ruhig Zeit. Gefällt es dir hier? Was gefällt dir besonders gut?

Könntest du hier ein wenig träumen?
Geh durch die Kirche! Welche Lichtquellen kannst du im Raum finden?
Und welche Farben? **Licht** und **Farben** haben Bedeutungen.
Schreib auf, welche Farben du im Raum findest! Was meinst du, warum wurden gerade diese Farben verwendet? Welche Farbe gefällt dir am besten und warum?

Die erste Kirche Dresdens

Um das Jahr 1000 wurde an gleicher Stelle, wo heute die Frauenkirche steht, die allererste Kirche Dresdens gebaut. Diese Kirche erinnerte an Maria, die Mutter Jesu. Deshalb trug sie den Namen: „Kirche Marias" (damals sagte man: Kirche „Unser lieben Frauen"). Dieser lange Name wurde im Laufe der Zeit abgekürzt auf „Frauenkirche". Nach mehreren Umbauten sah diese Kirche vor etwa 500 Jahren so aus:

Schließlich war die alte Frauenkirche so baufällig geworden, dass sich die Dresdner zu einem Neubau entschlossen. Die alte Kirche wurde abgerissen. Eine neue Kirche sollte an ihrer Stelle gebaut werden: größer und prächtiger. In dieser neuen Kirche fand ich, der Engel des Matthäus, mein zu Hause.

3

Die steinerne Glocke

Erinnerst du dich, was du auf deinem Weg hierher als erstes von der Frauenkirche gesehen hast? Aus welcher Richtung man auch kommt, weithin über den Dächern Dresdens sichtbar ist die einzigartige Sandstein-Kuppel der Frauenkirche. Weil sie wie eine Glocke aussieht, wird die Kuppel der Frauenkirche auch „steinerne Glocke" genannt. 12 000 t wiegt sie – soviel wie 2000 ausgewachsene Elefanten.

Schützend wölbt sich die Kuppel über den Menschen, die sich unter ihr im Kirchenraum versammeln. Schützende Hände über einem Kerzenlicht haben eine ähnliche Form.

Die Kuppel besteht aus zwei „Schalen". Zwischen diesen Schalen führt der Weg nach oben zur Aussichtsplattform. Viele Besucher gehen heute diesen Weg. Früher, als George Bähr die Kirche baute, zogen Maultiere die Steine für den Kuppelbau auf diesem Weg nach oben. Kennst du Kuppeln, die ähnlich aussehen? Welche?

Versuch doch mal, die Kuppel der Frauenkirche zu zeichnen. Du wirst merken, das ist gar nicht so einfach.

Der Baumeister George Bähr

Architekt der neuen Frauenkirche und Leiter der Bauarbeiten wurde George Bähr, der Ratszimmermeister der Stadt Dresden. Er war in Sachsen ein bekannter Baumeister. Schon einige Kirchen hatte er gebaut: in Schmiedeberg, in Forchheim; oder mitgebaut: in Dresden-Loschwitz. Kennst du eine George-Bähr-Kirche?

Ich möchte dir das Grabmal George Bährs zeigen. Es ist in der Unterkirche aufgestellt. Der Vers auf dem Hinterschild des Grabmals erzählt davon, dass der Bau der Frauenkirche nicht immer einfach war. Aber George Bähr ließ sich nicht beirren. Er wollte eine Kirche bauen, die „gleichsam nur ein einziger Stein sein" sollte: also von unten bis oben ein Steinbau. Die berühmte steinerne Kuppel war seine Idee. Damals gab es noch keine statischen Berechnungen und keine Computertechnik. Kollegen des Baumeisters befürchteten, dass die Kuppel zu schwer wird. Oft fehlte das Geld zum Bauen. Dennoch ist der Bau gelungen – eine wahre Meisterleistung. Bestimmt stand einer meiner Freunde, ein Engel, dem Baumeister der Frauenkirche zur Seite.

1726 Der Grundstein der Frauenkirche wird gelegt.
1734 Mit ihrer Weihe wurde die Frauenkirche (noch ohne Altar und Orgel) in Dienst genommen. Nun konnten regelmäßig Gottesdienste gefeiert werden.
1743 Vollendung des Kirchenbaus nach 17 Jahren Bauzeit. Der Baumeister George Bähr hat dies freilich nicht mehr erleben können. Er starb bereits 1738.

5

Die Bürgerkirche und August der Starke

Den Dresdner Bürgern war ihre neue Kirche sehr wichtig. Viele von ihnen haben sich am Bau der Frauenkirche beteiligt – sie haben Geld gespendet oder auf der Baustelle mitgearbeitet. Bis zu 450 Bauleute waren auf der Baustelle beschäftigt. 288 000 Taler kostete der Bau. Diese Kosten aufzubringen war sehr schwer.

August der Starke, damals Herrscher hier in Sachsen, hatte sich viele Bauwerke an den Fürstenhöfen Europas angesehen und wollte nun auch seine Residenzstadt Dresden prächtig gestalten. Auch deshalb sollte die alte, baufällige Frauenkirche einem Neubau weichen. Trotzdem konnte er den Bau nicht direkt unterstützen. Und das hatte folgenden Grund: August der Starke war nicht nur Kurfürst von Sachsen, sondern gleichzeitig König von Polen. Weil die Bevölkerung in Polen katholisch war, musste auch er als König diesen Glauben annehmen. Die Bevölkerung Sachsens blieb jedoch evangelisch, und die neue Frauenkirche in Dresden wurde als evangelisches Gotteshaus gebaut. Als katholischer Herrscher konnte sich August unmöglich am Bau einer evangelischen Kirche beteiligen. Durch den Verzicht auf Steuern hat er jedoch indirekt zum Bau der Frauenkirche beigetragen. Du hast bestimmt schon von August dem Starken gehört. Was weißt du über ihn und prächtige Bauwerke, die in seiner Zeit entstanden sind?

Innenarchitektur

Hier siehst du den Grundriss der Frauenkirche. Der Raum ist nicht sehr groß. Mit wenigen Flügelschlägen kann ich den Kirchenraum durchqueren. Du hast vielleicht schon größere Kirchen besucht. Erinnerst du dich, welche?

Trotzdem wirkt die Kirche insgesamt groß. Es passen fast 1800 Menschen hinein. Das liegt an der Höhe des Raumes. Nur ein Drittel der Gottesdienstbesucher findet Platz im Erdgeschoss, dem so genannten „Kirchenschiff". Etwa 640 Plätze gibt es hier. Die übrigen ca. 1200 Menschen können auf den Emporen sitzen. Hast du schon mal gezählt, wie viele Emporen es insgesamt gibt? ╫╫╫ Und wie viele Eingänge? ╫╫╫ Insgesamt ╫╫╫ Türen sind es, die in den Kirchenraum führen! Und alle diese Türen sehen annähernd gleich aus. Das soll zeigen: Menschen von überall her, egal ob arm oder reich, sind in die Frauenkirche eingeladen.
Die geschlossenen Emporen mit den vielen kleinen Fenstern sind die „Bet-Stuben". Diese Bet-Stuben konnte man früher kaufen – so hatte man einen festen Platz in der Kirche.
Wie findest du diese Idee?

Eine evangelische Kirche

Was meint eigentlich „evangelisch"? Nach Jesu Tod und Auferstehung hatte sich die Christenheit im Laufe der Jahrhunderte vielfach von ihrem biblischen Ursprung entfernt. Deshalb wollte Martin Luther vor fast 500 Jahren die Kirche erneuern und die Verkündigung der Liebe und Barmherzigkeit Gottes zur Hauptsache machen. Weil damals aber nicht alle zu einer solchen Reformation bereit waren, zerbrach die Einheit der Christen in Europa. Fortan gab es hier die evangelische und katholische Kirche.

Martin Luther konnte zeigen, dass Gottes Liebe allen Menschen ohne Gegenleistung gilt. In der Verkündigung als Predigt und Kirchenmusik, in Taufe und Abendmahl und in der um Gottes Wort versammelten Gemeinde wird das deutlich. Freude und Festlichkeit prägen ihre Gottesdienste. Dies lässt sich in vielen evangelischen Kirchenbauten erkennen, die in den Jahrhunderten nach Luther errichtet wurden, besonders in der Dresdner Frauenkirche. Wenn du dich im Kirchenraum umschaust und umhergehst, wirst du Beispiele dieses festlichen Ausdrucks finden. Schreib sie auf.

Vor der Frauenkirche auf dem Neumarkt steht ein Denkmal Martin Luthers. Was meinst du, warum es dort seinen Platz gefunden hat? Wie wirkt es auf Dich? Was hält Luther in der Hand und warum?

Altarraum

Setz dich doch mal auf verschiedene Plätze hier im Kirchenschiff und probiere aus, in welche Richtung diese Plätze weisen. Wohin blickt man von allen Plätzen aus? Welchen Teil der Kirche kannst du immer sehen?

Diesen zentralen Bereich der Kirche nennt man „Altarraum". Er ist durch eine Chorbalustrade vom Kirchenschiff, in dem sich die Gemeinde versammelt, unterschieden.
In der Mitte der Chorbalustrade befindet sich die Kanzel. Sie ist der Ort, von dem aus das Wort Gottes durch den Pfarrer oder die Pfarrerin verkündigt wird. Wie ein Schiffsbug ragt die Kanzel in den Kirchenraum hinein. Das Wort Gottes, das in der **Predigt** verkündet wird, steht im Zentrum der Kirche. Deshalb ist die Frauenkirche eine typische Predigtkirche – und deshalb ist sie typisch evangelisch.

Predigt

Die Predigt ist neben dem Abendmahl der wichtigste Teil des Gottesdienstes. In der Predigt wird die biblische Botschaft für unser Leben ausgelegt.

9

Abendmahl
Letztes Mahl Jesu mit seinen Jüngern. Durch das Teilen von Brot und Wein feiern die Christen die Gemeinschaft mit Gott. Das stärkt ihren Glauben.

Taufe
Durch die Taufe werden Kinder oder Erwachsene mit Gott verbunden und in die Gemeinschaft der Christen aufgenommen.

Kannst du dir vorstellen, welche Bedeutung die Balustrade vor dem Altarraum haben könnte? Wie fühlst du dich, wenn du davor stehst?

Vielleicht kennst du das Bedürfnis, Dinge, die dir ganz besonders wichtig und „heilig" sind, zu schützen. So ähnlich ist es auch hier in der Frauenkirche. Der Raum mit Altar, Taufstein und Kanzel ist baulich besonders hervorgehoben. Er ist der wichtigste Teil der Kirche. Durch die Chorbalustrade wird das betont.
Welche Orte oder Dinge sind dir ganz besonders „heilig"?

Es gibt aber noch einen anderen Grund für die kunstvoll gestaltete Chorbalustrade. Was in der Predigt allen verkündet wird, das wird im Altarraum jedem einzeln verkündet. In der **Taufe** am Taufstein und im **Abendmahl** am Altar.

In der Zeichnung kannst du die einzelnen Elemente des Altarbereichs erkennen. Wenn du den folgenden Text aufmerksam liest, gelingt es dir bestimmt leicht, die fettgedruckten Namen dem Bild zuzuordnen: Die **Chorbalustrade** schließt den Altarraum nach vorn ab. In der Mitte der Chorbalustrade befindet sich die **Kanzel**. In einer Linie hinter der Kanzel siehst du zuerst das **Taufbecken**, dann den **Altar**. Der Altar der Frauenkirche besteht aus einem **Altartisch**, der so genannten Mensa, und aus einem großen **Altarbild**, das aus Stein geschaffen wurde. Der Altar ist der Ort, an dem das heilige Abendmahl gefeiert wird.

Taufbecken
Wie schon Jesus im Fluss Jordan mit Wasser getauft wurde, so werden auch heute noch alle Christen mit Wasser getauft. Der Pfarrer oder die Pfarrerin begießt den Kopf des Täuflings dreimal mit Wasser und spricht dazu die Taufformel „Im Namen des Vaters und des Sohnes und des Heiligen Geistes". Deshalb gehört zu jeder christlichen Kirche auch ein Taufbecken.

Altar
Tisch des Herrn, an dem das heilige Abendmahl ausgeteilt wird.

Vielleicht möchtest du die Geschichte nachlesen. Du findest sie in der Bibel, im Neuen Testament, im Evangelium des Lukas im 22. Kapitel.

Findest du, diese Gefühle sind gut dargestellt? Hast du dich auch schon einmal „von Gott und der Welt verlassen" gefühlt? Hättest du dir da vielleicht auch einen Engel gewünscht, der dir beisteht? Oder ist ein anderer Mensch für dich zu einem Engel geworden?

Altarbild

Auf dem großen Altarbild aus Stein, das du hinter dem Altartisch erkennen kannst, ist ein Ereignis aus dem Leben Jesu dargestellt: Jesus im Garten Gethsemane, in der Nacht, in der er verraten und verhaftet wurde. Einsam kniet er und betet zu Gott. Neben der großen Jesusfigur in der Mitte sind aber noch andere Dinge auf dem Bild zu erkennen. Was kannst du alles entdecken?

Die Jünger Jesu schlafen. Jesus hatte sie gebeten, mit ihm zu wachen. Was meinst du, wie hat sich Jesus wohl in dieser Situation gefühlt?

Moses Paulus Philippus Aaron

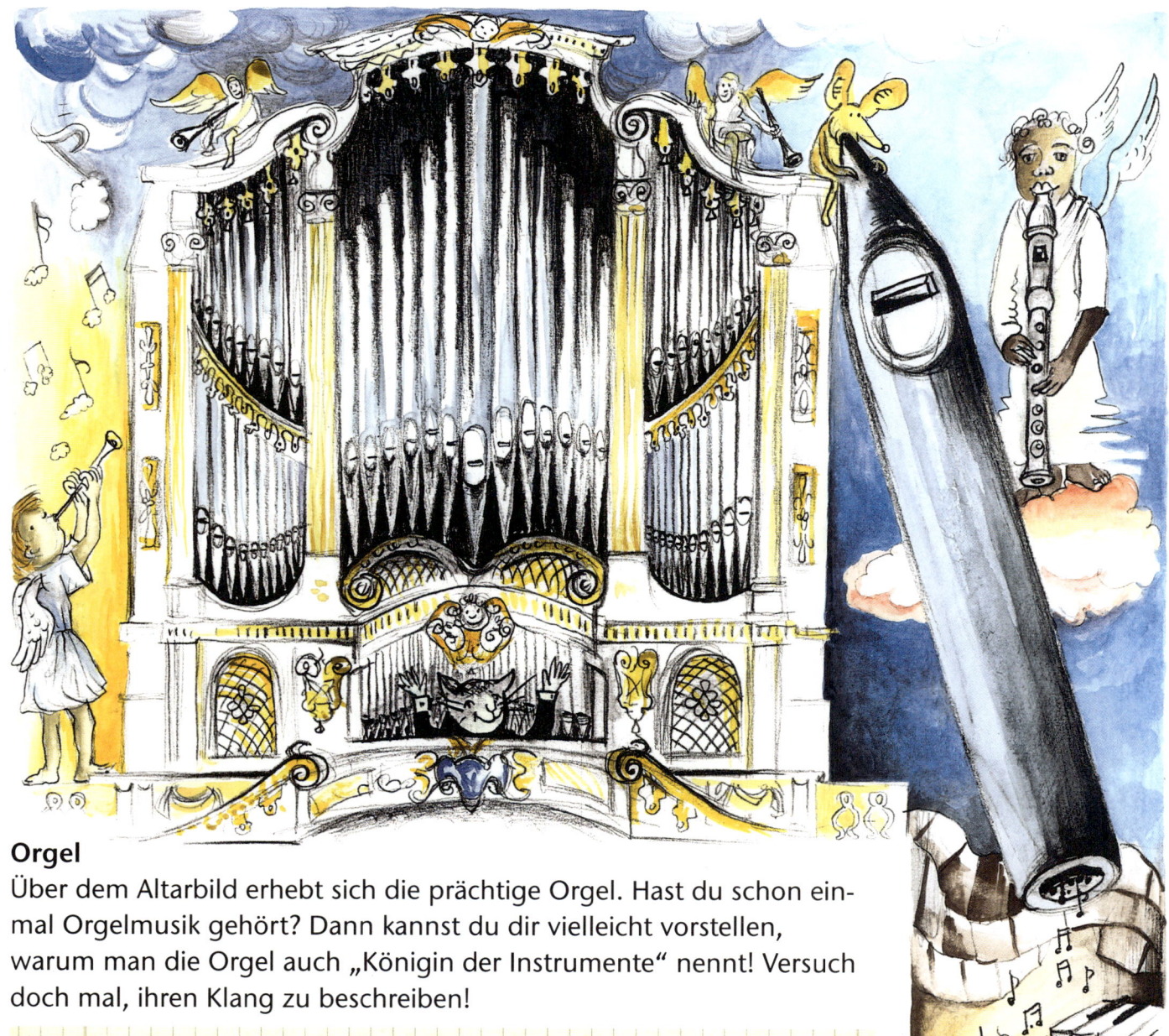

Orgel

Über dem Altarbild erhebt sich die prächtige Orgel. Hast du schon einmal Orgelmusik gehört? Dann kannst du dir vielleicht vorstellen, warum man die Orgel auch „Königin der Instrumente" nennt! Versuch doch mal, ihren Klang zu beschreiben!

In den meisten Kirchen befindet sich die Orgel weit von Altar und Kanzel entfernt hinter der Gemeinde. In der Dresdner Frauenkirche ist sie jedoch eng mit Kanzel und Altar verbunden. Welchen Sinn könnte das haben?

Singst du gern? Im Gottesdienst antwortet die Gemeinde mit Liedern auf die Verkündigung des Wortes Gottes. Die Orgel begleitet ihren Gesang. Orgelkonzerte lassen das Instrument in seiner ganzen Vielfalt erklingen. Das ist ein ganz besonderes Erlebnis.

Die Orgel der Frauenkirche erklingt in den Gottesdiensten, in Andachten und Orgelvespern, zu denen auch du eingeladen bist.

Innenkuppel

Schau mal nach oben an die Decke! Die Innenkuppel ist bunt ausgemalt. Sie hat insgesamt acht große Felder. In vier Feldern sind die Evangelisten gezeichnet. Sie haben in ihren Evangelien die Botschaft vom Leben und Wirken Jesu aufgeschrieben.

Ergänze, was du in dem jeweiligen Kuppelfeld siehst.

Aus jedem Evangelium ist eine Tat Jesu in den kleinen Bildern unter dem jeweiligen Evangelisten-Kuppelfeld dargestellt. Von der Kindersegnung berichtet Markus.

Weißt du, dass Jesus Kinder besonders gern hatte? Seinen Jüngern hat er gesagt: „Lasst die Kinder zu mir kommen und hindert sie nicht; denn ihnen gehört das Reich Gottes. Wahrlich ich sage Euch: Wer das Reich Gottes nicht empfängt wie ein Kind, der wird nicht hineinkommen. Und er herzte die Kinder und legte die Hände auf sie und segnete sie." Du kannst diese Geschichte im Neuen Testament (Markus 10,13 – 16) nachlesen. Kannst du dir

denken, weshalb der Maler in der Frauenkirche gerade an eine Geschichte erinnern wollte, die zeigt, dass Jesus nicht nur die Erwachsenen, sondern besonders die Kinder annimmt und liebt? Hat dich schon mal jemand gesegnet?

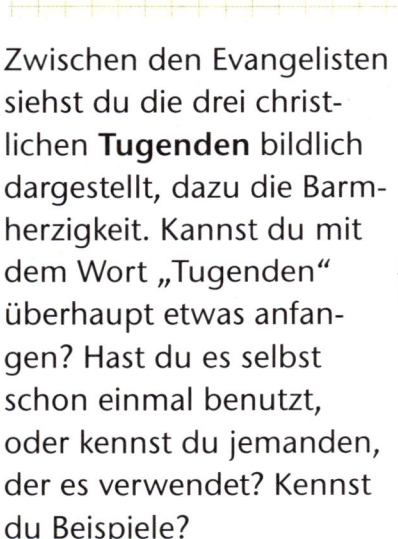

: *Hoffnung*

Lukas mit einem

Zwischen den Evangelisten siehst du die drei christlichen **Tugenden** bildlich dargestellt, dazu die Barmherzigkeit. Kannst du mit dem Wort „Tugenden" überhaupt etwas anfangen? Hast du es selbst schon einmal benutzt, oder kennst du jemanden, der es verwendet? Kennst du Beispiele?

Glaube:

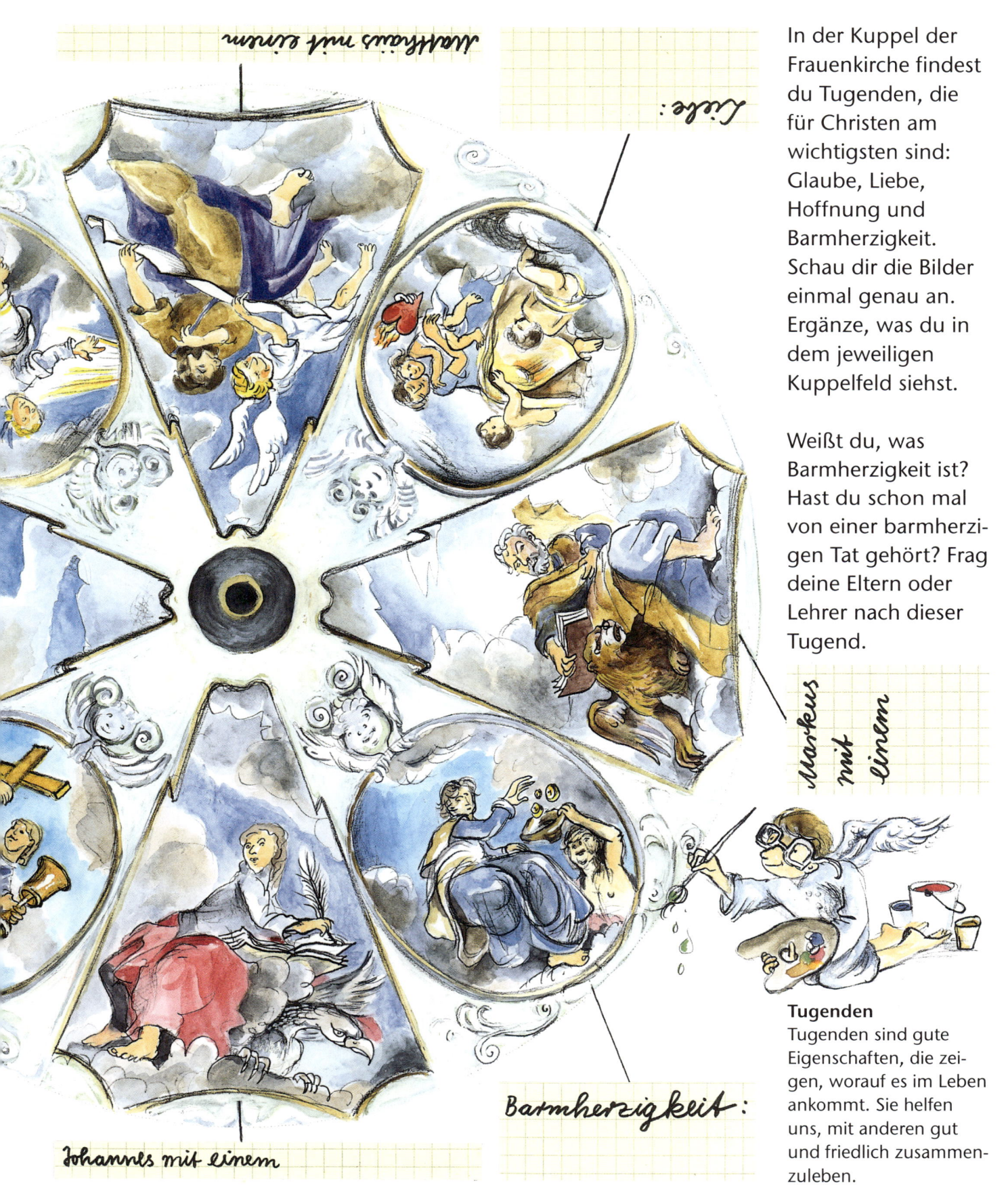

Matthäus mit einem

Liebe:

In der Kuppel der Frauenkirche findest du Tugenden, die für Christen am wichtigsten sind: Glaube, Liebe, Hoffnung und Barmherzigkeit. Schau dir die Bilder einmal genau an. Ergänze, was du in dem jeweiligen Kuppelfeld siehst.

Weißt du, was Barmherzigkeit ist? Hast du schon mal von einer barmherzigen Tat gehört? Frag deine Eltern oder Lehrer nach dieser Tugend.

Markus mit einem

Tugenden
Tugenden sind gute Eigenschaften, die zeigen, worauf es im Leben ankommt. Sie helfen uns, mit anderen gut und friedlich zusammenzuleben.

Barmherzigkeit:

Johannes mit einem

Zerstörung

Über 200 Jahre stand die von George Bähr erbaute Frauenkirche an ihrem Platz. Am Ende des 2. Weltkrieges wurde die Frauenkirche völlig zerstört. Was hast du schon von diesem Krieg gehört?

Deutschland hatte diesen Krieg angefangen und damit viele Menschen in ganz Europa in großes Leid gestürzt. Am Ende des Krieges wurden auch deutsche Städte angegriffen und zerstört. Dresden war eine von ihnen. In der Nacht vom 13. zum 14. Februar 1945 wurde fast die ganze Innenstadt durch Luftangriffe vernichtet. Viele Menschen sind gestorben. In der Unterkirche der Frauenkirche überlebten ungefähr 300 Menschen die furchtbare Nacht, während draußen auf dem Neumarkt die Flammen bis hoch zum Turm der Frauenkirche schlugen.

Die Frauenkirche stürzte am Vormittag des 15. Februars 1945 völlig ausgebrannt in sich zusammen. Das Feuer war ins Kircheninnere eingedrungen. Die acht Pfeiler aus Sandstein hielten die große Hitze nicht aus. Nur ein großer Trümmerhaufen blieb von der einst so prachtvollen Kirche übrig.

Mahnmal

Über vierzig Jahre lag der Trümmerberg mitten in Dresden und erinnerte die Menschen daran, welches Leid und welche Zerstörung der Krieg bringt. Die Kirchenruine wurde zum mahnenden Denkmal. Das sollte bedeuten: „Denk-mal-nach!"

Immer wenn sich der Bombenangriff auf Dresden jährt, versammeln sich evangelische und katholische Christen, dazu Menschen aus der ganzen Stadt in der Frauenkirche und beten für den Frieden. Sie denken auch daran, dass auch heute noch Menschen unter Krieg und Gewalt leiden.

Nacht der Stille

Am 13. Februar 1982 zogen zum ersten Mal die Besucher des ökumenischen Gottesdienstes der Kreuzkirche mit Kerzen zur Ruine der Frauenkirche. Sie wachten, sangen und beteten die ganze Nacht für den Frieden in der Welt. In der Nacht der Stille wird diese Tradition des Kerzenanzündens jedes Jahr in der Frauenkirche fortgeführt.

Wiederaufbau

Der Wunsch, die Kirche wieder aufzubauen, bewegte seit Kriegsende viele Menschen. Doch es fehlten Geld und Material, um eine so große Bauaufgabe zu beginnen. Zudem war die Regierung der DDR am Wiederaufbau einer christlichen Kirche nicht interessiert. Doch nach der Vereinigung Deutschlands 1989/90 haben sich viele Menschen – Dresdnerinnen und Dresdner, aber auch Menschen aus ganz Deutschland und anderen Ländern der Welt – für den Wiederaufbau eingesetzt. Tausende von kleinen und großen Spenden zeigten die Verbundenheit der Menschen mit diesem einzigartigen Bauwerk.

Zuerst hat man den Trümmerberg beräumt und alle noch brauchbaren Steine geborgen. Alte Pläne gaben den Bauleuten Auskunft darüber, wie George Bähr die Kirche einst erbaut hatte. Das war die Grundlage. Viele alte Steine konnten beim Neubau wieder verwendet werden. Du kannst das gut erkennen, wenn du den Bau von außen betrachtest. Moderne Wissenschaft und Technik halfen, die Frauenkirche so zu errichten, dass sie auch den Ansprüchen unserer heutigen Zeit genügt.

Altes Turmkreuz und Nagelkreuz

Hast du im Kirchenraum das große, alte Kreuz entdeckt? Tritt näher heran. Versuch doch mal, es zu beschreiben!

Das alte Turmkreuz fiel beim Einsturz der Frauenkirche aus fast neunzig Metern Höhe herab. Jahrelang lag es unter den Trümmern begraben. Durch die Hitze und den Sturz war es stark beschädigt. Dass man es überhaupt gefunden hat, ist ein Wunder. Heute erinnert das alte Turmkreuz die Besucher an Zerstörung und Leid, die der Krieg bringt. Und es mahnt zu Versöhnung und Frieden. Die Lichter laden ein, ein Gebet zu sprechen oder einfach an Menschen zu denken, die einen guten Gedanken gebrauchen können. Vielleicht möchtest du auch ein solches Licht anzünden? Nimm dir dazu Zeit!

Nagelkreuz

Das „Nagelkreuz" stammt aus Coventry, der englischen Partnerstadt Dresdens. Coventry wurde im 2. Weltkrieg durch deutsche Bomben stark zerstört. Auch die Kathedrale stürzte ein. Aus der eingestürzten Kirche hat der damalige Dompropst von Coventry drei lange Zimmermanns-Nägel geborgen und aus ihnen ein Kreuz gebaut – als Zeichen der Versöhnung. Dieses Kreuz wurde viele Male nachgebaut und ist nun an vielen Orten der Welt zu sehen. Vielleicht kennst du noch eine andere Kirche, die zur Nagelkreuzgemeinschaft gehört?

Viel kleiner als das alte Turmkreuz ist das **Nagelkreuz** auf dem Altartisch. An vielen Orten und in vielen Städten auf der ganzen Welt hat man das gleiche Kreuz aufgehängt, besonders dort, wo Krieg herrschte und Menschen dabei umgekommen sind. Alle diese Orte bilden eine Gemeinschaft, die sich für den Frieden zwischen den Völkern einsetzt.

Neues Turmkreuz

Von Versöhnung erzählt auch das neue Turmkreuz der Frauenkirche.

1945 waren es zumeist englische Flugzeuge, die Dresden mit Bomben angriffen. Jahrzehnte später überbrachten Menschen dieses Landes das nachgebaute neue Turmkreuz als Geschenk und Zeichen der Freundschaft. Am 13. Februar 2000, fünfundfünfzig Jahre nach der Zerstörung Dresdens, wurde es der Stiftung Frauenkirche übergeben. Ein riesiger Kran hat es am 22. Juni 2004 auf die Laterne, den obersten Teil des Steinbaus, gesetzt. Die Frauenkirche ist ein Ort, an dem sich Menschen aus unterschiedlichen Ländern begegnen. Unsere Hoffnung auf Frieden und Versöhnung teilen wir mit vielen Menschen aus der ganzen Welt. Mit ihnen gemeinsam wollen wir in der Frauenkirche ein Zeichen der Versöhnung und des Friedens setzen, das in die Welt hineinwirkt.

Kennst du Beispiele für Versöhnung aus deinem Alltag? Welche „Zeichen" der Freundschaft kennst du?

Unterkirche

Direkt unter dem Kirchenraum befindet sich die Unterkirche. Früher war sie Begräbnisstätte. Nach ihrem Wiederaufbau wurde sie 1996 geweiht. Bis zur Vollendung der Frauenkirche fanden hier Gottesdienste, Kirchenführungen und Konzerte statt. Heute ist die Unterkirche ein Ort der **Stille**.

Such dir einen Platz im Raum, an dem du dich wohl fühlst. Tut dir die Stille gut? Was unterscheidet diesen Raum von der Kirche darüber, die du dir vorhin angeschaut hast?

Betrachte den Raum genau. Beschreib, was dir auffällt.

Der große dunkle Stein in der Mitte der Unterkirche ist der Altar. Geschaffen wurde er von dem britischen Künstler Anish Kapoor. Der Altarstein lädt die Betrachter zum Nachdenken über seine ungewöhnliche Form ein. Vielleicht möchtest du aufschreiben, was dir zu diesem Stein einfällt?

Stille

Manchmal ist es um uns herum fürchterlich laut. Stille brauchen wir, um unsere Gedanken zu sammeln. In der Stille können sich Leib und Seele erholen.

21

Die Kapellen der Unterkirche

Hinter den vier dicken Pfeilern befinden sich vier Kapellen. Jede Kapelle hat ein eigenes Thema. Die kleinen Räume laden ein, sich zu besinnen, zu beten oder einfach Ruhe zu finden. Möchtest du dich manchmal zurückziehen, um deine Ruhe zu haben? Die Kapellen der Unterkirche laden dich dazu ein.

Unternimm einen Rundgang durch die Kapellen, und nimm dir Zeit dafür. Versuche zu erspüren, wie die Kapellen auf dich wirken. Der Grundriss hilft dir, dich zurechtzufinden.

Kapelle G: Der Raum der Grabsteine
Die Grabsteine vom früheren Frauenkirchenfriedhof erinnern an die Endlichkeit des Lebens. Hast du schon mal über den Tod nachgedacht?

Kapelle A: Raum der Zehn Gebote
Betrachte den Turm der Gebote. Kennst du die **Zehn Gebote**? Sie sind ungefähr 2000 Jahre alt. Du findest sie in der Bibel. Sie bilden die Grundlage des menschlichen Zusammenlebens. Kannst du dir vorstellen, was geschieht, wenn man Gebote missachtet?

Kapelle C: Nische der Hoffnung
Diesen Raum, der im Krieg nicht zerstört wurde, kannst du nicht betreten. Er ist heute noch Begräbnisstätte. Doch es gibt einen Gang, von dem aus du auf das Gewölbe schauen kannst. Die beiden Skulpturen sind Ausdruck der Hoffnung über den Gräbern.

Kapelle E: Raum der Zerstörung
Hier sind die Wunden der Zerstörung noch sichtbar und ungeheilt. Diese Kapelle erinnert bleibend an den furchtbaren Krieg.

Zehn Gebote

1. Ich bin der Herr, dein Gott, du sollst keine anderen Götter haben neben mir.
2. Du sollst den Namen des Herrn deines Gottes nicht missbrauchen.
3. Du sollst den Feiertag heiligen.
4. Du sollst Vater und Mutter ehren.
5. Du sollst nicht töten.
6. Du sollst nicht ehe-brechen.
7. Du sollst nicht stehlen.
8. Du sollst über deinen Nächsten nicht falsch reden.
9. Du sollst nicht deines Nächsten Haus begeh-ren.
10. Du sollst nicht begehren deines Nächsten Weib, Knecht, Magd, Vieh noch alles, was sein ist.

Die Glocken der Frauenkirche

Acht Glocken hat die Frauenkirche. Sie hängen in den beiden Ecktürmen auf der Westseite. Eine der acht Glocken, Maria, ist fast 500 Jahre alt und läutete bereits in der Vorgängerkirche von George Bährs Frauenkirche. Sieben neue Glocken wurden im Mai 2003 geweiht. Jede Glocke hat eine spezielle Aufgabe: Jesaja – die Friedensglocke (läutet mittags 12.00 Uhr), Johannes – die Verkündigungsglocke, Jeremia – die Stadtglocke, Josua – die Trauglocke, David – die Gebetsglocke, Philippus – die Taufglocke, Hanna – die Dankglocke, Maria – die Gedächtnisglocke.

Wie jede dieser Glocken trägt auch die Friedensglocke als Inschrift einen Bibelvers: „Sie werden ihre Schwerter zu Pflugscharen machen". Was meinst Du, warum?

Glocken läuten zu unterschiedlichen Tageszeiten und Anlässen. Überleg doch mal, wann und warum Glocken läuten.